This book belongs to:

____

www.ingramcontent.com/pod-product-compliance
Lightning Source LLC
Chambersburg PA
CBHW070804220526
45466CB00002B/539
* 9 7 8 1 6 7 3 5 9 9 7 3 2 *